AF306181

Certificats

et

Lettres

pour Mr Peaucellier

Entrepreneur de Travaux publics,

36, Rue d'Austerlitz (Invalides)

Lith. Bénard & Cie Pass. du Caire, 2.

1859

Certificats et Lettres donnés et adressés à Mr Peaucellier.

_____ Certificats _____	_____ Lettres _____
Par Jullien. Directeur.	Par Jullien
MM. Dubois, Arch.te du Roi.	MM. Cendrier. Arch.te en Chef (Lyon)
Hittorff. M.bre de l'Institut.	Thoyot
de Foucy, Ing.r en Chef.	Hittorff
Mary. Insp.r Divisionaire.	Viguier. Ing.r en chef. (E.or)
Mouillon. Directeur.	Heurtaux
Floucaud, Ing.r en Chef.	Didion. Directeur d'Orléans
Thoyot. Ingénieur en chef.	Delahaute
Garrat, secret.re de la Préfect.re	Jay de Roser
Veugny, Arch.te de la Ville.	Veugny
Dulin, Arch.te de la Vienne.	Morandière. Ing.r en chef
Pascal, Ing.r du Port de Marseille	Frécot _____ idem.
Laudin, Arch.te du Gouvernement	Mahieu
de Méründol _____ idem.	Garnier, Entrep.r du Pont de Solférino
Compaing. Ing.r des P.ts en Ch.ef	Higonnet, Arch.te de la Ville.
Crétin. Arch.te en Chef de la	Paulou, Ingénieur.
Banque de France et des	Croiselle Desnoyers
chemins de fer de l'Ouest.	Ingénieur en chef du
	Chemin de fer de Nantes
	à Lorient.

13945

Certificat de M. Jullien, Ingénieur en Chef et Inspecteur des Ponts et Chaussées, Directeur du Chemin de fer de Paris à Lyon et l'Ouest.

Je soussigné Ingénieur en chef des Ponts et Chaussées et du Chemin de fer de Paris à Orléans, certifie que le S.r Peaucellier (auguste) a exécuté comme Entrepreneur de travaux d'art, une partie des ouvrages de la ligne de Juvisy à Orléans, et qu'il s'est acquité de sa tâche d'Entre-preneur avec toute la loyauté, le zèle, la capacité et le dévouement désirables.

Je le crois donc très capable d'entreprendre des Travaux pour le Gouvernement, et je le recommande au besoin aux Ingénieurs qui pourraient l'employer, comme un bon Entrepreneur.

En foi de quoi, je lui ai délivré le présent certificat pour servir et valoir ce que de droit.

Paris, le 14 Janvier 1842

signé : Ad. Jullien.

Vu bon pour l'adjudication du 25 Juillet C.t rampe pour com-muniquer de la Place Lafayette aux abords de l'Eglise de S.t Vincent de-Paul.

Paris, le 23 Juillet

signé : Hittorff, le père.

Vu bon pour concourir à l'adjudication du 15 février prochain.

Paris, 7 Février, signé : Huvé.

Vu pour l'adjudication des 23 et 25 Mai courant ; travaux pour l'appropriation du bâtiment de la Cour des Comptes au logement de Monsieur le Préfet de Police.

Paris, le 13 Mai 1842

signé : Aug. E. Dommey.

Certificat de M.ᵣ Dubois,
Ancien Architecte de la liste Civile.

Je soussigné Architecte du Roi et de S. A. R. M.ᵍʳ Le Duc d'Aumale, Certifie que M.ᵣ Peancellier, Entrepreneur de maçonnerie, demeurant à Paris, rue Blanche, N.º 44, a exécuté sous ma direction des travaux de son état et que j'ai eu lieu d'être satisfait de lui sous tous les rapports.

En foi de quoi je lui ai délivré le présent certificat pour lui servir et valoir que de raison.

Paris, ce 21 Octobre 1846.

signé : Dubois.

Certificat de M. Thoyot, Ingénieur en Chef, des Ponts et Chaussées et du Chemin de fer de Paris au Havre.

Je soussigné, Ingénieur au Corps Royal des Ponts et Chaussées, chargé du service de l'arrondissement de l'Est du chemin de fer d'Orléans à Tours.

Certifie que le Sr Peaucellier (auguste) Entrepreneur de Travaux publics, demeurant à Paris, rue Victor-Lemaire, N.º 4, a exécuté les importants travaux de construction du chemin de fer d'Orléans à Tours dans la 2.º section du Département du Loiret et notamment les deux viaducs de Beaugency et de Tavers.

Certifie en outre que le Sr Peaucellier a constamment fait preuve de zèle, de capacité et d'activité, et qu'il a loyalement exécuté les conditions de son marché.

Orléans, 12 Septembre 1844.
Signé : A. Thoyot.

Vu pour concourir à l'adjudication du 16 8bre Corps de Garde dans les Champs Elysées.

Signé : Hittorff.

Vu pour concourir à l'adjudication du 18 Courant.
Orléans le 16 7bre 1844
L'Ingénieur en Chef du Chemin de fer d'Orléans à Vierzon
Signé : E. Floncaud.

Certificat de Mr de Fourcy, Ingénieur du service Municipal de la Ville de Paris.

Je soussigné Ingénieur des Ponts et Chaussées, attaché au Service municipal de la Ville de Paris, certifie que Mr Pierre Auguste Peaucellier a exécuté sous ma direction des travaux importants et qu'il a fait constamment preuve de zèle, d'activité et de probité.

Paris, le 7 Septembre 1842

signé : de Fourcy.

Vu pour concourir à l'Adjudication du Chemin de fer de Paris en Belgique.

Paris, le 26 7bre 1842.

Signé : L'Ingénieur en chef Directeur.

E. Robin.

Vu pour concourir à l'adjudication du port de l'hôpital.

Paris, 25 Mai 1844.

signé : Michol

Vu pour le 1er Lot de l'adjudication du 12 Courant.

Paris 10 X^{bre} 1842.

signé : Gau.

Vu pour concourir aux Adjudications du 18 Mars à Poitiers, pour les Travaux du Chemin de fer de Poitiers à Iteuil.

Mr Peaucellier a exécuté dans ces derniers temps d'autres Travaux dont nous avons eu connaissance.

Coursi, le 6 Mars 1851

signé : Morandi

Certificat de Mr. Mary,
Inspecteur Divisionnaire.

Je soussigné, Ingénieur en chef des Ponts et Chaussées, certifie que dans le cours de l'arbitrage dont j'ai été chargé au sujet des travaux du chemin de fer atmosphérique, j'ai eu occasion de reconnaître dans Mr. Peaucellier, entrepreneur de ces travaux, l'intelligence, la capacité et l'activité nécessaires pour diriger de grandes Entreprises. Je certifie de plus que les ouvrages quoique payés, pour la plupart audessous du prix de revient, ont été exécutés, avec le plus grand soin et très rapidement.

Paris, le 27 Juin 1846.

signé : Mary.

Vu pour l'adjudication des travaux de maçonnerie du 17 courant

Paris, ce 5 Août 1846.

signé : Gau.

Vu pour l'adjudication du 17 courant,

Paris, 5 Août 1846.

signé : Gau.

Vu pour concourir à l'adjudication du 1er Lot de la 1ère section du chemin de fer de Paris à Strasbourg

Paris, 24 8bre 1846

signé : de Sermet.

Certificat de Mr Hittorf,
Architecte de la Ville de Paris.

Je soussigné, Architecte de la Ville de Paris et des travaux de la nouvelle Église de St Vincent de Paul.

Certifie que le Sr Peaucellier (Auguste) exécute comme Entrepreneur de Maçonnerie, sous ma direction, les travaux des rampes des abords de cette Église et de la Place de Lafayette et qu'il s'en est acquitté avec toute la loyauté, le zèle et la Capacité désirables.

En foi de quoi je lui ai délivré le présent certificat pour lui servir et valoir ce que de droit.

Paris, le 5 Décembre 1842

signé : Hittorff.

Vu bon pour l'adjudication des travaux de l'Église de St Nicolas, à Nantes.

Le 30 Août 1843.

signé : Lassus.

Certificat de M^r. Moulhon, Ingénieur en Chef des Ponts et Chaussées et Directeur de la Cie du Chemin de fer de Paris à Bourges.

L'Ingénieur des Ponts et Chaussées de la partie du Chemin de fer de Paris à Orléans comprise entre Juvisy et Etrechy, soussigné, Certifie que M^r. Peancellier, Auguste, a été chargé, en qualité d'Entrepreneur de tous les ouvrages d'art compris entre Juvisy et Marolles, sur une longueur de 17 Kilomètres. M^r. Peancellier a conduit ces travaux avec la plus grande activité et le soussigné a toujours eu à se louer du zèle de cet Entrepreneur et du soin qu'il a mis à faire exécuter solidement ces divers travaux.

Juvisy, le 21 Janvier 1844
signé : Moulhon.

L'Ingénieur en Chef soussigné certifie que le Sieur Peaucellier, déjà adjudicataire des Travaux d'art et de terrassement du 1er Lot de la première section du Chemin de fer de Vierzon, possède la capacité requise pour concourir à l'adjudication de ce jour relative à l'exécution des premiers remblais de la levée, à la suite de la culée de gauche du viaduc de la Loire à Orléans.

Orléans, ce 11 Xbre 1844.

signé : Floucaud.

Certificat de Mr Thoyot, Ingénieur en Chef des Ponts et Chaussées et du Chemin de fer de Paris au Havre.

Je soussigné Ingénieur au Corps Royal des Ponts et Chaussées, Certifie que le Sr Peancellier, auguste, Entrepreneur de Travaux-publics, a exécuté les ouvrages d'art de la 2ème Section du Chemin de fer d'Orléans à Tours, et notamment les viaducs de Beaugency et de Tavers et qu'il a rempli les conditions de son devoir.

Je certifie, en outre, qu'il possède toute la Capacité requise pour-être admis à concourir aux adjudications des Travaux dépendans de l'administration des Ponts et Chaussées.

Orléans, le 10 Décembre 1844.
signé : Thoyot.

Bon pour être admis à l'adjudication de ce jour
Orléans le 21 X^{bre} 1844.
signé : Thoyot.

Certificat du Secrétaire Général
de la Préfecture de la Seine.

Préfecture
du Département de la Seine.

Paris, le 12 Août 1846

Monsieur,

J'ai l'honneur de vous prévenir que vous êtes au nombre des Entrepreneurs admis à soumissionner les travaux de votre profession à exécuter pour la construction d'une nouvelle Église Place Belle Chasse.

Vous pourrez prendre connaissance dans mes bureaux des diverses pièces relatives à ces travaux, dont l'adjudication, comme vous le savez, est fixée au 17 Courant.

Agréez, Monsieur, l'assurance de ma considération distinguée.

Pour le Pair de France, Préfet
Le Secrétaire Général de la Préfecture,
signé : Garrat.

Certificat de Mr Veugny, Architecte de la Ville.

Nous Architecte soussigné, Certifions que le Sieur Peancellier, Entrepreneur de maçonnerie, demeurant à Paris, Grande rue Verte, N.º 38, a exécuté sous mes ordres divers travaux avec zèle et activité, notamment les maçonneries des cités ouvrières, en foi de quoi nous lui avons délivré le présent certificat, pour qu'il puisse être admis aux adjudications des travaux d'art du Gouvernement.

Paris, le 24 Juin 1850

Signé : Veugny.

Architecte, 21 rue Montholon.

Vu pour l'Adjudication du 6 du Courant relative aux maçonneries du quai de la Mégisserie.

Paris, le 29 Juin 1850

L'Ingénieur en Chef Pr de la Navigation.

Signé : Michal.

Certificat de M. de Mérindol, Architecte des Ministères des Cultes et de l'Intérieur

id.   de M. Grillon de Pany, Ingénieur en Chef du Département de la Vienne.

Nous soussigné, Architecte des Ministères des Cultes et et de l'Intérieur, chargé de la restauration de la Cathédrale de Poitiers (Vienne), certifie que M. Peaucellier a exécuté ces travaux difficiles sous le double rapport de la Construction et de l'Art, avec toute l'activité, l'intelligence et la conscience désirables, des fonctions d'Entrepreneur général de cette entre=prise importante, dont il avait été chargé.

Fait à Poitiers, le   Mai 1852.

Signé : J. de Mérindol.

Visé par l'Ingénieur en chef du Département de la Vienne.

Pour l'Ingénieur en chef en congé,
L'Ingénieur ordinaire délégué
Signé : Grillon de Pany.

Certificat de M. Dulin, Architecte du Département de la Vienne.

Nous, Architecte du Département de la Vienne soussigné, Certifions que le Sr Peaucellier, Entrepreneur de Travaux publics, demeurant à Poitiers a exécuté plusieurs travaux sous notre direction et que nous lui avons reconnu toutes les qualités requises pour entreprendre et mener à bonne fin tous les travaux qui pourraient lui être confiés.

En foi de quoi, nous lui avons délivré le présent pour lui servir et valoir ce que de droit.

À Poitiers, le 27 Mai 1852,

L'Architecte du Département de la Vienne,

Signé : Dulin.

Vu pour la légalisation de la signature de M. Dulin, Architecte du Département, apposée ci-dessus.

Poitiers, le 28 Mai 1852

Le Maire,

Signé : Grillier aîné.

Certificat de Mr Pascal, Ingénieur du Port de Marseille.

L'Ingénieur des Ponts et Chaussées soussigné certifie que Mr Peaucellier, qui a exécuté de grands travaux sous les ordres de Mr Julien et de divers Architectes, peut être admis pour concourir à l'adjudication des travaux du mur d'abri.

Marseille, 12 Juin 1852.

signé : Pascal.

Vu pour l'adjudication du 15 Juin 1852, concernant l'exécution du mur d'abri de la grande jetée du large du port de la Joliette.

Marseille, le 12 Juin 1852

L'Ingénieur en Chef

signé : Mortier.

Vu pour l'adjudication du Canal de la

Bourges, le 21 Août 1852.

signé : F. Machart.

Certificat.

Nous soussignés,

J.J. Hittorff, Architecte du Gouvernement de la ville de Paris.
J. de Mérindol, Architecte du Gouvernement.

Certifions que M.r Peancellier, Entrepreneur de maçonnerie, demeurant à Paris, Avenue d'Antin, N.° 35, a exécuté sous notre direction divers travaux importants de sa profession, notamment à St Vincent-de-Paul et à la Cathédrale de Poitiers. Nous déclarons avoir, en toutes circonstances, reconnu en lui la probité, la capacité et la solvabilité désirables pour la bonne exécution et la garantie des travaux qui pourront lui être confiés.

En foi de quoi nous lui avons délivré le présent certificat, dont il a déclaré avoir l'intention de faire usage pour concourir à l'adjudication des travaux à exécuter à la Manufacture Impériale des Tabacs.

Paris, le 5 Avril 1853.

L'Architecte de St. Vincent-de-Paul,
signé : Hittorff.

L'Architecte de la Cathédrale de Poitiers
Signé : J. de Mérindol.

Vu pour l'Adjudication de ce jour,

Rennes, 7 Juin 1854

L'Ingénieur en Chef, signé : Barco.

Vu pour concourir à l'adjudication de l'hôtel-Dieu

Rennes, 23 Juin 1854, Les Administrateurs, signé : T.F.
M.M. A.J.

Vu pour l'Adjudication du 26 de ce mois relative à la construction d'un marché-neuf; Paris 19 Juillet 1854
L'Ingénieur en Chef, signé : Michal.

Vu par l'architecte Directeur des Travaux du bois de Boulogne, pour être admis à concourir à l'adjudication en bâté de ce jour.
Paris, 6 Juin 1853. Signé : Baré.

Certificat de M. J. Laudin, Architecte du Palais Impérial de Mendon.

Je soussigné, Architecte du Palais Impérial de Mendon et de la Manufacture de Sèvres, certifie que j'ai eu M. Peancellier pour Entrepreneur dans des travaux importants exécutés sous ma direction rue de Montreuil, N.° 39, pour la société générale des habitations ouvrières que je n'ai eu qu'à me louer de lui sous tous les rapports de la bonne et prompte exécution des travaux et de l'intelligence qu'il y a apportée; en foi de quoi je lui ai délivré le présent certificat, persuadé qu'il exécutera les travaux qui lui seront confiés, d'une manière entièrement satisfaisante.

Mendon, 17 Juin 1854

Signé : Laudin.

Vu pour l'adjudication de la Cathédrale de Moulins.

Moulins, le 20 Juin 1854,

Signé : Esmonnot.

Vu pour l'adjudication de la Cathédrale.

Moulins, 20 Juin 1854.

Monseigneur l'Évêque de Moulins

Signé : Pierre.

Lettres diverses
des Compagnies et de MM.
les Ingénieurs et Architectes.

Lettre de Mr. Ad. Jullien,
Ingénieur-Inspecteur en Chef des Ponts et Chaussées,
Directeur des Chemins de fer de Paris à Lyon et de l'Ouest.

Monsieur Peaucellier,

Demain matin nous faisons notre premier voyage de Paris à Orléans avec une locomotive, voulez-vous être de la partie ?

Nous partons à 6 heures précises du matin, ainsi ; si cela vous va, soyez exact.

Recevez mes salutations empressées.

Signé : Ad. Jullien.

Chemin de fer
de
Paris à Lyon.

═══════

Service
de l'architecte en chef.
─────────

Lettre de M. Cendrier,
Architecte en Chef du Chemin d'Orléans et de Lyon.

Monsieur Peaucellier,

Monsieur Morandière, Ingénieur en chef du Chemin de fer d'Orléans m'a fait demander aujourd'hui votre adresse ; il vous a fait chercher à votre ancienne demeure.

: J'ai dit que je croyais avoir chez moi de quoi le satisfaire, mais j'ai réfléchi qu'il vallait mieux vous laisser le choix d'y aller ou de ne pas y aller, je vous donne donc avis de la demande, vous en userez comme bon vous semblera.

J'ai l'honneur de vous saluer,
signé : A. Cendrier.

Ponts-et-Chaussées.

Chemin de Fer
d'Orléans à Tours.

Arrondissement
de l'Est.

Lettre de Mr Thoyot,

Orléans, 30 Août 1844.

Monsieur l'Ingénieur-en-Chef,

Je vous prie de me permettre de vous présenter Mr Peaucellier, Entrepreneur de Travaux d'Art et de Terrassements de la vallée de Beaugency. J'ai eu lieu d'être satisfait de son activité et de la loyauté avec laquelle il a exécuté les ouvrages dont il a été chargé; il a le désir d'entreprendre les travaux que vous mettez actuellement en adjudication et je souhaite pour vous comme pour lui, que les prix lui paraissent suffisants.

Veuillez agréer, Monsieur l'Ingénieur-en-Chef, mes sentiments respectueux.

signé : Thoyot.

A Monsieur l'Ingénieur-en-Chef des Ponts et Chaussées, Bailloud.

Lettre de Mr Hittorff.

Monsieur,

J'ai des travaux pressés à faire à St Vincent de Paul, pour terminer les mariages mixtes. Je désire vous charger de ces travaux, à la suite de ceux qui vous ont été adjugés pour les rampes et que vous avez si bien et si promptement exécutés.

Si vous étiez en position d'entreprendre ce travail, veuillez me répondre par écrit et venir me voir demain matin, mardi, à 11 heures pour prendre mes instructions.

J'ai l'honneur de vous saluer,
signé : Hittorff.

Paris, Lundi 1er Mars 1847.

Mr Peaucellier

Lettre de Mr Hittorff.

Paris, le 9 Juillet 1845.

Monsieur,

Comme Mr Saigne à cause du mauvais état de sa santé, a donné sa démission d'Entrepreneur des Travaux de St Vincent-de-Paul, je viens vous demander si vous seriez disposé à le remplacer pour les travaux de maçonnerie qu'il y a encore à y exécuter. Dans ce cas, je vous invite à me faire parvenir une réponse affirmative, afin que je puisse adresser à M.^r le Préfet la demande de vous substituer à Mr Saigne. Ce qui me paraît d'autant plus convenable que l'Administration n'a eu qu'à se louer de la manière dont, comme adjudicataire, vous avez exécuté l'important travail de la rampe de cette Église.

J'ai l'honneur de vous saluer,
signé : Hittorff.

Mr Peaucellier.

Lettre de M.ⁱᵉ Vignier,
Ingénieur en Chef:

Paris, le 11 Avril 1846.

Monsieur,

Voudriez-vous prendre la peine de passer à mon bureau, Mercredi prochain, de midi à 1 heure ? J'aurais à vous entretenir d'une affaire qui pourrait vous intéresser.

J'ai l'honneur de vous saluer,
signé : Vignier.
Ingénieur en Chef.

M.ⁱᵉ Peaucellier, Entrepreneur.

Compagnie
du Chemin de fer
de
Paris à Sceaux.

Quai Malaquais, 15.

Lettre de M.ʳ Heurtaux.

Paris, 8 Février 1845.

Monsieur,

J'ai l'honneur de vous prévenir que le Conseil d'admi:nistration a prorogé jusqu'au 15 Février courant, le délai qui devait expirer le 10, pour examiner le Cahier des Charges des Travaux à exécuter pour la Compagnie.

Vous pourrez donc en prendre connaissance jusqu'à cette époque, au siège de l'administration, de 10 à 4 heures.

Recevez, Monsieur, l'assurance de mes sentiments distingués.

Le Secrétaire du Conseil d'Administration
signé: Heurtaux.

à M.ʳ Peaucellier.

Compagnie
des
Chemins de Fer
d'Orléans & du Centre.

7, Boulevart de l'hôpital.

Direction

Objet :

Lettre de M^r le Directeur Didion.

Paris, 14 Août 1852.

Monsieur,

J'ai reçu la lettre que vous m'avez adressée le 6 courant pour me demander la concession d'une partie des travaux d'art et de terrassements des lignes de la Rochelle ou de Rochefort.

Les bons témoignages joints à votre demande sont des titres, Monsieur, qui ne peuvent manquer de vous assurer la confiance de la Compagnie, mais elle n'est pas en mesure de s'occuper du chemin de la Rochelle ; Je vous retourne en conséquence, les certificats joints à votre lettre, et je prends note de votre demande.

Recevez, Monsieur, l'assurance de ma parfaite considération.

Le Directeur

Signé : Didion.

Mr Peaucellier Entrepreneur de Travaux à Poitiers

Lettre de M. Delahaute

à
M. le Préfet de Moulins.

Mon cher ami,

Cette lettre sera remise par M. Peaucellier, ancien Entrepreneur du Chemin d'Orléans.

J'ai toujours eu d'excellents rapports avec M. Peaucellier, je m'intéresse beaucoup à lui et si tu peux faire quelque chose en sa faveur dans l'affaire qui l'occupe à Moulins, tu me feras le plus grand plaisir.

Mille bonnes amitiés
signé : Delahaute.

Paris, le 18 Juillet 1854.

Lettre de Mr du Jay de Roser

Monsieur,

Depuis notre dernière réunion, nous avons marché et nous arrivons à une conclusion très prochaine. D'autres Entrepreneurs viennent encore se joindre à nous, et nos correspondances avec Londres sont favorables. Il faut nous constituer à Paris, voila ce que l'on nous demande, pour cela, on est convenu de se réunir demain Vendredi, à quatre heures, chez Mr Guiffrey, tâchez d'y être, nous arrêterons une mesure et la marche à suivre.

Votre dévoué serviteur,
signé : du Jay de Roser.

Je soussigné, Architecte de la Cité Napoléon et de l'Administration des Bains et Lavoirs de la Ville de Paris, Certifie que Mr Auguste Peaucellier, Entrepreneur de Travaux publics, à Paris, a exécuté, tout récemment, sous ma direction, des travaux importants pour l'exécution desquels il a constamment fait preuve de capacité et de zèle; tout en remplissant avec loyauté et ponctualité tous ses engagements, tant envers l'administration que vis-à-vis de ses ouvriers et fournisseurs.

En foi de quoi, je lui ai délivré le présent certificat dont il pourra faire usage pour soumissionner de nouveaux travaux.

A Paris, le 18 Juin 1854.
signé : Venguy.

Vu pour l'adjudication de la Cathédrale de Moulins.
Moulins, 20 Juin 1854.
signé : Esmonnot.

Vu pour l'adjudication de la Cathédrale de Moulins
Moulins, le 20 Juin 1854.
Monseigneur l'Évêque de Moulins
signé : Pierre

Lettre de M. Morandière.

Chemin de Fer
de
Tours à Bordeaux.

1ère Section.

Monsieur,

J'ai l'honneur de vous retourner les certificats que vous avez bien voulu m'envoyer avec votre lettre du 20 de ce mois; j'ai lu ces certificats, que je connaissais déjà; mais je n'ai pu aussi qu'en prendre note, parce qu'il ne m'a pas encore été rien dit du Chemin de Poitiers à la Rochelle, et il vous paraîtra au moins nécessaire d'attendre que la Compagnie ait pris une décision et l'ait fait connaître.

Veuillez, Monsieur, recevoir une nouvelle assurance de ma considération distinguée.

Signé : Morandière.

à M. Peaucellier.

Cⁱᵉ du Chemin de fer
de Paris à Orléans.

Chemin de fer
de Poitiers à la Rochelle
et à Rochefort.

Travaux
à concéder.

Lettre de Mʳ Morandière.

Tours, 20 Octobre 1853.

Monsieur,

J'ai l'honneur de vous faire savoir que les travaux du Chemin de fer de Poitiers à la Rochelle doivent être commencés très prochainement entre Poitiers et St Maixent, sur une longueur d'environ 50 Kilomètres qui a été divisée en 5 lots.

Si vous désiriez, Monsieur, entreprendre une partie de cet ouvrage, vous auriez à vous rendre le plustôt possible sur les lieux, pour en étudier avec soin les détails, et vous devriez ensuite présenter avant le 15 9ᵇʳᵉ prochain, vos offres à Mʳ Didion, Directeur de la Compagnie du Chemin de fer de Paris à Orléans, dont les bureaux sont à Paris, Boulevard de l'Hôpital.

Veuillez, Monsieur, recevoir l'assurance de ma considération distinguée.

L'Ingénieur en Chef,

Signé : R. Morandière.

Compagnie
des
Chemins de Fer
de l'Est.

Ligne
de
Nancy à Vesoul

Objet :

Metz, 13 Mars 1858.

Messieurs,

Votre soumission du 27 février dernier pour l'exécution de la section du chemin de fer d'Aillevillers à Faverney a été soumise à l'examen du Comité de Direction et du Conseil d'Administration. J'ai le regret de vous informer que des propositions plus avantageuses ayant été produites, il n'a pas été possible d'accepter les vôtres.

Agréez, je vous prie, Messieurs, l'assurance de ma considération distinguée,

L'Ingénieur en Chef,
signé : Frécot.

À Messieurs St Salvi et Penucellier, Entrepreneurs,
47, Rue de l'Oratoire du Roule, à Paris.

Lettres de Messieurs Mahieu & Garnier,
Entrepreneur du Pont de Solferino.

Mon cher Confrère,

J'ai l'honneur de vous adresser M. Garnier, Entrepreneur de Travaux publics qui aurait besoin de trouver un Confrère aussi capable que vous, pour estimer un matériel d'une certaine importance, je pense que peut-être vos moments vous laisseront la possibilité de lui rendre ce service.

Recevez, je vous prie, l'assurance de ma parfaite considération.

signé : Mahieu.

Monsieur,

Serez-vous assez obligeant, Monsieur, pour me faire le sacrifice de 12 à 15 jours en acceptant la mission d'expert que je désirerais vous confier tout d'abord ?

Je suis, en attendant votre réponse, Monsieur Votre très obéissant serviteur,

signé : Garnier.

Lettre de Mr L. Higonnet,
Architecte de la Ville.

Monsieur,

Je regrette de ne pas vous rencontrer, J'ai une affaire d'environ 300 mille francs à vous donner.

Veuillez, je vous prie, venir chez moi de 5 à 7 heures, je vous attendrai.

Ou bien demain matin jusqu'à 9 heures 1/2 chez moi.

Tout à vous,
signé : L. Higonnet.

<table>
<tr><td>

Compagnie
du
Chemin de Fer
de
Paris à Orléans.

</td><td>

Lettre de Mr Didion.

</td></tr>
</table>

Paris, 10 Mars 1855.

Monsieur,

Par suite des propositions qui sont en ce moment soumises à la sanction du Gouvernement, la Compagnie du Chemin de fer de Paris à Orléans peut avoir prochainement à exécuter les travaux de construction du Chemin de fer de St. Germain-des-fossés à Roanne ; pour éviter toute perte de temps dans le cas où cette prévision serait réalisée, je suis disposé à recevoir, dès à présent, des soumissions conditionnelles pour les travaux de projets en état d'être adjugés ; ces projets sont les suivants :

Suit le tableau.

Si vous désirez entreprendre une partie de ces travaux, vous devriez remettre une soumission cachetée à Mr Desnoyers.

Recevez, Monsieur, l'assurance de ma parfaite considération.

Le Directeur de la Compagnie.

signé : Didion.

A. Mr Peaucellier.

Compagnie
du
Chemin de Fer
d'Orléans.

Réseau Central.

Cabinet
de l'Ingénieur en Chef.

Lettre de Mr Paulon, sous-Ingénieur.

Périgueux, 30 Avril 1859

Monsieur,

Vous avez adressé à Mr l'Ingénieur en chef, une demande ayant pour objet la concession de travaux sur le réseau central d'Orléans.

J'ai l'honneur de vous donner avis que les travaux à exécuter pour la construction du chemin de fer de Limoges à Agen, partie comprise entre l'extrémité de la Gare de Limoges et le derrière de la culée droite du Viaduc biais, près l'usine Ardant, (Souterrain de Limoges), sur une longueur de 3,970 m 19 c évaluée à la somme totale de un million sept cent mille francs, seront adjugés très prochainement.

Si votre intention est de concourir à cette adjudication, vous pourrez vous présenter au Bureau de Mr l'Ingénieur en chef, avant le 16 Mai prochain.

Agréez, Monsieur, l'assurance de ma considération distinguée.

Le Sous-Ingénieur,
signé : Paulon

à Mr Peaucellier.

Lettre de Mr Paulon.

Compagnie
du
Chemin de fer d'Orléans.

Réseau Central.

Cabinet
de l'Ingénieur en Chef.

Travaux.

Ligne de Périgueux au Lot.

Section
de Brives à la Dordogne.

Périgueux 1er Août 1859.

Monsieur,

Vous avez adressé à M^r l'Ingénieur en chef, une demande à l'effet d'être admis à soumissionner les travaux du réseau central.

J'ai l'honneur de vous donner avis que les travaux à exécuter pour la construction du Souterrain de Montplaisir et des travaux aux abords évalués à la somme d'environ Deux millions quatre cent mille francs, seront adjugés le 16 de ce mois.

Si votre intention est de concourir, vous pouvez vous présenter au bureau de M^r l'Ingénieur en Chef, pour prendre communication des pièces du projet, ainsi que des clauses et conditions imposées aux Entrepreneurs par la Compagnie.

Agréez, Monsieur, l'assurance de ma considération distinguée,

Le Sous Ingénieur attaché au service central,

signé : Ch. Paulon.

Mrs Fulvi et Peancellier.

Compagnie
du
Chemin de fer d'Orléans.

Ligne
de Nantes à Châteaulin.

Service
de l'Ingénieur en Chef.

Lettre de M. Croiselle Desnoyers,
Ingénieur en Chef.

Nantes, 13 Août 1859.

Messieurs,

J'ai l'honneur de vous informer que les offres que vous avez faites pour l'exécution des 1er, 2e, 3e, 4e et 5e Lots du Chemin de Nantes à Châteaulin n'ont pu être acceptées par le Conseil de la Compagnie parceque d'autres Entrepreneurs ont consenti des rabais plus avantageux pour la Cie que ceux que portaient vos soumissions.

La prochaine adjudication de travaux pour la même ligne reste fixée au 26 du courant.

Veuillez, Messieurs, recevoir l'assurance de ma considération distinguée,

signé : Croiselle Desnoyers.
Ingénieur en Chef.

à MM. Peancellier et St Salvi.

Lettre de Mr Paulon.

Compagnie
du
Chemin de fer d'Orléans.

Bureau Central.

Cabinet
de
l'Ingénieur en Chef.

Périgueux, 26 Août 1859.

Monsieur,

Vous avez adressé à M^r l'Ingénieur en chef, une demande à l'effet d'être admis pour soumissionner le lot de 16 Kilomètres, 3e Section, entre Limoges et Périgueux, pressez vous, l'adjudication aura lieu le 10 Septembre 1859.

Agréez, Monsieur, l'assurance de ma considération distinguée.

Le sous-Ingénieur attaché au Service Central.
signé : Ch. Paulon.

Certificat de Mr Michel Compaing,
Ingénieur des Ponts et Chaussées.

L'Ingénieur ordinaire soussigné Certifie que Mr Peaucellier a exécuté divers travaux d'art et notamment les déblais de la grande tranchée granitique sur le deuxième lot compris entre Givray et Neuil, et qu'il a montré dans ces divers travaux, une grande habitude des chantiers de cette nature, sa conduite sous tous les rapports a d'ailleurs été toujours irréprochable.

Poitiers, ce 9 X^{bre} 1857
Signé : Michel Compaing.
Ingénieur des Ponts et Chaussées.

Vu et Validé par l'Ingénieur en Chef pour concourir à l'adjudication des travaux entre Condac et Ruffec.
Angoulême, 11 X^{bre} 1857.
Signé : E. Noël.

Certificat de M. Gabriel Crétin,
Architecte en Chef de la Banque de France et des Chemins de fer de l'Ouest.

Je soussigné Architecte de la Banque de France déclare avoir fait exécuter des travaux à l'Entreprise générale par M. Peaucellier, Entrepreneur, et n'avoir eu que de la satisfaction de sa part tant sous le rapport de l'honorabilité, que sous celui de la bonne exécution.

Paris, le 15 7bre 1859.

Signé : Gabriel Crétin